THE Expense TRACKER

I0402606

Belongs To:

Name:

Company:

Address:

Phone:

eMail:

THE *Expense* TRACKER

Tracker For:

Date	Expense / Description	Category	Amount	How Was It Paid (credit, cash, check, other)	Planned Y	Planned N
				cr ca ch o		
				cr ca ch o		
				cr ca ch o		
				cr ca ch o		
				cr ca ch o		
				cr ca ch o		
				cr ca ch o		
				cr ca ch o		
				cr ca ch o		
				cr ca ch o		
				cr ca ch o		
				cr ca ch o		
				cr ca ch o		
				cr ca ch o		
				cr ca ch o		
				cr ca ch o		
				cr ca ch o		
	Total Expenses					

Notes

THE *Expense* TRACKER

Tracker For:

Date	Expense / Description	Category	Amount	How Was It Paid (credit, cash, check, other)	Planned Y	Planned N
				cr ca ch o		
				cr ca ch o		
				cr ca ch o		
				cr ca ch o		
				cr ca ch o		
				cr ca ch o		
				cr ca ch o		
				cr ca ch o		
				cr ca ch o		
				cr ca ch o		
				cr ca ch o		
				cr ca ch o		
				cr ca ch o		
				cr ca ch o		
				cr ca ch o		
				cr ca ch o		
				cr ca ch o		
	Total Expenses					

Notes

THE *Expense* TRACKER

Tracker For:

Date	Expense / Description	Category	Amount	How Was It Paid (credit, cash, check, other)	Planned Y	Planned N
				cr ca ch o	☐	☐
				cr ca ch o	☐	☐
				cr ca ch o	☐	☐
				cr ca ch o	☐	☐
				cr ca ch o	☐	☐
				cr ca ch o	☐	☐
				cr ca ch o	☐	☐
				cr ca ch o	☐	☐
				cr ca ch o	☐	☐
				cr ca ch o	☐	☐
				cr ca ch o	☐	☐
				cr ca ch o	☐	☐
				cr ca ch o	☐	☐
				cr ca ch o	☐	☐
				cr ca ch o	☐	☐
				cr ca ch o	☐	☐
				cr ca ch o	☐	☐
	Total Expenses					

Notes

THE *Expense* TRACKER

Tracker For:

Date	Expense / Description	Category	Amount	How Was It Paid (credit, cash, check, other)	Planned Y	Planned N
				cr ca ch o		
				cr ca ch o		
				cr ca ch o		
				cr ca ch o		
				cr ca ch o		
				cr ca ch o		
				cr ca ch o		
				cr ca ch o		
				cr ca ch o		
				cr ca ch o		
				cr ca ch o		
				cr ca ch o		
				cr ca ch o		
				cr ca ch o		
				cr ca ch o		
				cr ca ch o		
				cr ca ch o		
	Total Expenses					

Notes

THE *Expense* TRACKER

Tracker For: ______________________

Date	Expense / Description	Category	Amount	How Was It Paid (credit, cash, check, other)	Planned	
					Y	N
				cr ca ch o		
				cr ca ch o		
				cr ca ch o		
				cr ca ch o		
				cr ca ch o		
				cr ca ch o		
				cr ca ch o		
				cr ca ch o		
				cr ca ch o		
				cr ca ch o		
				cr ca ch o		
				cr ca ch o		
				cr ca ch o		
				cr ca ch o		
				cr ca ch o		
				cr ca ch o		
				cr ca ch o		
	Total Expenses					

Notes

THE *Expense* TRACKER

Tracker For:

Date	Expense / Description	Category	Amount	How Was It Paid (credit, cash, check, other)	Planned Y	Planned N
				cr ca ch o		
				cr ca ch o		
				cr ca ch o		
				cr ca ch o		
				cr ca ch o		
				cr ca ch o		
				cr ca ch o		
				cr ca ch o		
				cr ca ch o		
				cr ca ch o		
				cr ca ch o		
				cr ca ch o		
				cr ca ch o		
				cr ca ch o		
				cr ca ch o		
				cr ca ch o		
				cr ca ch o		
	Total Expenses					

Notes

THE Expense TRACKER

Tracker For:

Date	Expense / Description	Category	Amount	How Was It Paid (credit, cash, check, other)	Planned Y N
				cr ca ch o	
				cr ca ch o	
				cr ca ch o	
				cr ca ch o	
				cr ca ch o	
				cr ca ch o	
				cr ca ch o	
				cr ca ch o	
				cr ca ch o	
				cr ca ch o	
				cr ca ch o	
				cr ca ch o	
				cr ca ch o	
				cr ca ch o	
				cr ca ch o	
				cr ca ch o	
				cr ca ch o	
	Total Expenses				

Notes

THE *Expense* TRACKER

Tracker For:

Date	Expense / Description	Category	Amount	How Was It Paid (credit, cash, check, other)	Planned Y	Planned N
				cr ca ch o		
				cr ca ch o		
				cr ca ch o		
				cr ca ch o		
				cr ca ch o		
				cr ca ch o		
				cr ca ch o		
				cr ca ch o		
				cr ca ch o		
				cr ca ch o		
				cr ca ch o		
				cr ca ch o		
				cr ca ch o		
				cr ca ch o		
				cr ca ch o		
				cr ca ch o		
				cr ca ch o		
	Total Expenses					

Notes

THE *Expense* TRACKER

Tracker For:

Date	Expense / Description	Category	Amount	How Was It Paid (credit, cash, check, other)	Planned Y N
				cr ca ch o	☐ ☐
				cr ca ch o	☐ ☐
				cr ca ch o	☐ ☐
				cr ca ch o	☐ ☐
				cr ca ch o	☐ ☐
				cr ca ch o	☐ ☐
				cr ca ch o	☐ ☐
				cr ca ch o	☐ ☐
				cr ca ch o	☐ ☐
				cr ca ch o	☐ ☐
				cr ca ch o	☐ ☐
				cr ca ch o	☐ ☐
				cr ca ch o	☐ ☐
				cr ca ch o	☐ ☐
				cr ca ch o	☐ ☐
				cr ca ch o	☐ ☐
				cr ca ch o	☐ ☐
	Total Expenses				

Notes

THE *Expense* TRACKER

Tracker For:

Date	Expense / Description	Category	Amount	How Was It Paid (credit, cash, check, other)	Planned Y N
				cr ca ch o	
				cr ca ch o	
				cr ca ch o	
				cr ca ch o	
				cr ca ch o	
				cr ca ch o	
				cr ca ch o	
				cr ca ch o	
				cr ca ch o	
				cr ca ch o	
				cr ca ch o	
				cr ca ch o	
				cr ca ch o	
				cr ca ch o	
				cr ca ch o	
				cr ca ch o	
				cr ca ch o	
	Total Expenses				

Notes

THE *Expense* TRACKER

Tracker For:

Date	Expense / Description	Category	Amount	How Was It Paid (credit, cash, check, other)	Planned Y N
				cr ca ch o	☐ ☐
				cr ca ch o	☐ ☐
				cr ca ch o	☐ ☐
				cr ca ch o	☐ ☐
				cr ca ch o	☐ ☐
				cr ca ch o	☐ ☐
				cr ca ch o	☐ ☐
				cr ca ch o	☐ ☐
				cr ca ch o	☐ ☐
				cr ca ch o	☐ ☐
				cr ca ch o	☐ ☐
				cr ca ch o	☐ ☐
				cr ca ch o	☐ ☐
				cr ca ch o	☐ ☐
				cr ca ch o	☐ ☐
				cr ca ch o	☐ ☐
				cr ca ch o	☐ ☐
	Total Expenses				

Notes

THE *Expense* TRACKER

Tracker For:

Date	Expense / Description	Category	Amount	How Was It Paid (credit, cash, check, other)	Planned Y N
				cr ca ch o	
				cr ca ch o	
				cr ca ch o	
				cr ca ch o	
				cr ca ch o	
				cr ca ch o	
				cr ca ch o	
				cr ca ch o	
				cr ca ch o	
				cr ca ch o	
				cr ca ch o	
				cr ca ch o	
				cr ca ch o	
				cr ca ch o	
				cr ca ch o	
				cr ca ch o	
				cr ca ch o	
	Total Expenses				

Notes

THE *Expense* TRACKER

Tracker For:

Date	Expense / Description	Category	Amount	How Was It Paid (credit, cash, check, other)	Planned Y	Planned N
				cr ca ch o		
				cr ca ch o		
				cr ca ch o		
				cr ca ch o		
				cr ca ch o		
				cr ca ch o		
				cr ca ch o		
				cr ca ch o		
				cr ca ch o		
				cr ca ch o		
				cr ca ch o		
				cr ca ch o		
				cr ca ch o		
				cr ca ch o		
				cr ca ch o		
				cr ca ch o		
				cr ca ch o		
	Total Expenses					

Notes

THE *Expense* TRACKER

Tracker For:

Date	Expense / Description	Category	Amount	How Was It Paid (credit, cash, check, other)	Planned Y N
				cr ca ch o	
				cr ca ch o	
				cr ca ch o	
				cr ca ch o	
				cr ca ch o	
				cr ca ch o	
				cr ca ch o	
				cr ca ch o	
				cr ca ch o	
				cr ca ch o	
				cr ca ch o	
				cr ca ch o	
				cr ca ch o	
				cr ca ch o	
				cr ca ch o	
				cr ca ch o	
				cr ca ch o	
	Total Expenses				

Notes

THE *Expense* TRACKER

Tracker For:

Date	Expense / Description	Category	Amount	How Was It Paid (credit, cash, check, other)	Planned Y	Planned N
				cr ca ch o		
				cr ca ch o		
				cr ca ch o		
				cr ca ch o		
				cr ca ch o		
				cr ca ch o		
				cr ca ch o		
				cr ca ch o		
				cr ca ch o		
				cr ca ch o		
				cr ca ch o		
				cr ca ch o		
				cr ca ch o		
				cr ca ch o		
				cr ca ch o		
				cr ca ch o		
				cr ca ch o		
	Total Expenses					

Notes

THE *Expense* TRACKER

Tracker For:

Date	Expense / Description	Category	Amount	How Was It Paid (credit, cash, check, other)	Planned Y	Planned N
				cr ca ch o		
				cr ca ch o		
				cr ca ch o		
				cr ca ch o		
				cr ca ch o		
				cr ca ch o		
				cr ca ch o		
				cr ca ch o		
				cr ca ch o		
				cr ca ch o		
				cr ca ch o		
				cr ca ch o		
				cr ca ch o		
				cr ca ch o		
				cr ca ch o		
				cr ca ch o		
				cr ca ch o		
	Total Expenses					

Notes

THE *Expense* TRACKER

Tracker For:

Date	Expense / Description	Category	Amount	How Was It Paid (credit, cash, check, other)	Planned Y	N
				cr ca ch o		
				cr ca ch o		
				cr ca ch o		
				cr ca ch o		
				cr ca ch o		
				cr ca ch o		
				cr ca ch o		
				cr ca ch o		
				cr ca ch o		
				cr ca ch o		
				cr ca ch o		
				cr ca ch o		
				cr ca ch o		
				cr ca ch o		
				cr ca ch o		
				cr ca ch o		
				cr ca ch o		
	Total Expenses					

Notes

THE *Expense* TRACKER

Tracker For:

Date	Expense / Description	Category	Amount	How Was It Paid (credit, cash, check, other)	Planned Y	Planned N
				cr ca ch o		
				cr ca ch o		
				cr ca ch o		
				cr ca ch o		
				cr ca ch o		
				cr ca ch o		
				cr ca ch o		
				cr ca ch o		
				cr ca ch o		
				cr ca ch o		
				cr ca ch o		
				cr ca ch o		
				cr ca ch o		
				cr ca ch o		
				cr ca ch o		
				cr ca ch o		
				cr ca ch o		
	Total Expenses					

Notes

THE *Expense* TRACKER

Tracker For:

Date	Expense / Description	Category	Amount	How Was It Paid (credit, cash, check, other)	Planned Y N
				cr ca ch o	
				cr ca ch o	
				cr ca ch o	
				cr ca ch o	
				cr ca ch o	
				cr ca ch o	
				cr ca ch o	
				cr ca ch o	
				cr ca ch o	
				cr ca ch o	
				cr ca ch o	
				cr ca ch o	
				cr ca ch o	
				cr ca ch o	
				cr ca ch o	
				cr ca ch o	
				cr ca ch o	
	Total Expenses				

Notes

THE *Expense* TRACKER

Tracker For:

Date	Expense / Description	Category	Amount	How Was It Paid (credit, cash, check, other)	Planned Y N
				cr ca ch o	☐ ☐
				cr ca ch o	☐ ☐
				cr ca ch o	☐ ☐
				cr ca ch o	☐ ☐
				cr ca ch o	☐ ☐
				cr ca ch o	☐ ☐
				cr ca ch o	☐ ☐
				cr ca ch o	☐ ☐
				cr ca ch o	☐ ☐
				cr ca ch o	☐ ☐
				cr ca ch o	☐ ☐
				cr ca ch o	☐ ☐
				cr ca ch o	☐ ☐
				cr ca ch o	☐ ☐
				cr ca ch o	☐ ☐
				cr ca ch o	☐ ☐
				cr ca ch o	☐ ☐
	Total Expenses				

Notes

THE *Expense* TRACKER

Tracker For:

Date	Expense / Description	Category	Amount	How Was It Paid (credit, cash, check, other)	Planned	
					Y	N
				cr ca ch o		
				cr ca ch o		
				cr ca ch o		
				cr ca ch o		
				cr ca ch o		
				cr ca ch o		
				cr ca ch o		
				cr ca ch o		
				cr ca ch o		
				cr ca ch o		
				cr ca ch o		
				cr ca ch o		
				cr ca ch o		
				cr ca ch o		
				cr ca ch o		
				cr ca ch o		
				cr ca ch o		
	Total Expenses					

Notes

THE *Expense* TRACKER

Tracker For:

Date	Expense / Description	Category	Amount	How Was It Paid (credit, cash, check, other)	Planned Y N
				cr ca ch o	
				cr ca ch o	
				cr ca ch o	
				cr ca ch o	
				cr ca ch o	
				cr ca ch o	
				cr ca ch o	
				cr ca ch o	
				cr ca ch o	
				cr ca ch o	
				cr ca ch o	
				cr ca ch o	
				cr ca ch o	
				cr ca ch o	
				cr ca ch o	
				cr ca ch o	
				cr ca ch o	
	Total Expenses				

Notes

THE *Expense* TRACKER

Tracker For:

Date	Expense / Description	Category	Amount	How Was It Paid (credit, cash, check, other)	Planned Y	Planned N
				cr ca ch o		
				cr ca ch o		
				cr ca ch o		
				cr ca ch o		
				cr ca ch o		
				cr ca ch o		
				cr ca ch o		
				cr ca ch o		
				cr ca ch o		
				cr ca ch o		
				cr ca ch o		
				cr ca ch o		
				cr ca ch o		
				cr ca ch o		
				cr ca ch o		
				cr ca ch o		
				cr ca ch o		
	Total Expenses					

Notes

THE *Expense* TRACKER

Tracker For:

Date	Expense / Description	Category	Amount	How Was It Paid (credit, cash, check, other)	Planned Y	N
				cr ca ch o		
				cr ca ch o		
				cr ca ch o		
				cr ca ch o		
				cr ca ch o		
				cr ca ch o		
				cr ca ch o		
				cr ca ch o		
				cr ca ch o		
				cr ca ch o		
				cr ca ch o		
				cr ca ch o		
				cr ca ch o		
				cr ca ch o		
				cr ca ch o		
				cr ca ch o		
				cr ca ch o		
	Total Expenses					

Notes

THE *Expense* TRACKER

Tracker For:

Date	Expense / Description	Category	Amount	How Was It Paid (credit, cash, check, other)	Planned Y N
				cr ca ch o	☐ ☐
				cr ca ch o	☐ ☐
				cr ca ch o	☐ ☐
				cr ca ch o	☐ ☐
				cr ca ch o	☐ ☐
				cr ca ch o	☐ ☐
				cr ca ch o	☐ ☐
				cr ca ch o	☐ ☐
				cr ca ch o	☐ ☐
				cr ca ch o	☐ ☐
				cr ca ch o	☐ ☐
				cr ca ch o	☐ ☐
				cr ca ch o	☐ ☐
				cr ca ch o	☐ ☐
				cr ca ch o	☐ ☐
				cr ca ch o	☐ ☐
				cr ca ch o	☐ ☐
	Total Expenses				

Notes

THE *Expense* TRACKER

Tracker For:

Date	Expense / Description	Category	Amount	How Was It Paid (credit, cash, check, other)	Planned Y	Planned N
				cr ca ch o		
				cr ca ch o		
				cr ca ch o		
				cr ca ch o		
				cr ca ch o		
				cr ca ch o		
				cr ca ch o		
				cr ca ch o		
				cr ca ch o		
				cr ca ch o		
				cr ca ch o		
				cr ca ch o		
				cr ca ch o		
				cr ca ch o		
				cr ca ch o		
				cr ca ch o		
				cr ca ch o		
	Total Expenses					

Notes

THE *Expense* TRACKER

Tracker For:

Date	Expense / Description	Category	Amount	How Was It Paid (credit, cash, check, other)	Planned Y	Planned N
				cr ca ch o		
				cr ca ch o		
				cr ca ch o		
				cr ca ch o		
				cr ca ch o		
				cr ca ch o		
				cr ca ch o		
				cr ca ch o		
				cr ca ch o		
				cr ca ch o		
				cr ca ch o		
				cr ca ch o		
				cr ca ch o		
				cr ca ch o		
				cr ca ch o		
				cr ca ch o		
				cr ca ch o		
	Total Expenses					

Notes

THE *Expense* TRACKER

Tracker For:

Date	Expense / Description	Category	Amount	How Was It Paid (credit, cash, check, other)	Planned Y N
				cr ca ch o	
				cr ca ch o	
				cr ca ch o	
				cr ca ch o	
				cr ca ch o	
				cr ca ch o	
				cr ca ch o	
				cr ca ch o	
				cr ca ch o	
				cr ca ch o	
				cr ca ch o	
				cr ca ch o	
				cr ca ch o	
				cr ca ch o	
				cr ca ch o	
				cr ca ch o	
				cr ca ch o	
	Total Expenses				

Notes

THE *Expense* TRACKER

Tracker For:

Date	Expense / Description	Category	Amount	How Was It Paid (credit, cash, check, other)	Planned Y	Planned N
				cr ca ch o		
				cr ca ch o		
				cr ca ch o		
				cr ca ch o		
				cr ca ch o		
				cr ca ch o		
				cr ca ch o		
				cr ca ch o		
				cr ca ch o		
				cr ca ch o		
				cr ca ch o		
				cr ca ch o		
				cr ca ch o		
				cr ca ch o		
				cr ca ch o		
				cr ca ch o		
				cr ca ch o		
	Total Expenses					

Notes

THE *Expense* TRACKER

Tracker For:

Date	Expense / Description	Category	Amount	How Was It Paid (credit, cash, check, other)	Planned Y N
				cr ca ch o	☐ ☐
				cr ca ch o	☐ ☐
				cr ca ch o	☐ ☐
				cr ca ch o	☐ ☐
				cr ca ch o	☐ ☐
				cr ca ch o	☐ ☐
				cr ca ch o	☐ ☐
				cr ca ch o	☐ ☐
				cr ca ch o	☐ ☐
				cr ca ch o	☐ ☐
				cr ca ch o	☐ ☐
				cr ca ch o	☐ ☐
				cr ca ch o	☐ ☐
				cr ca ch o	☐ ☐
				cr ca ch o	☐ ☐
				cr ca ch o	☐ ☐
				cr ca ch o	☐ ☐
	Total Expenses				

Notes

THE *Expense* TRACKER

Tracker For:

Date	Expense / Description	Category	Amount	How Was It Paid (credit, cash, check, other)	Planned Y N
				cr ca ch o	
				cr ca ch o	
				cr ca ch o	
				cr ca ch o	
				cr ca ch o	
				cr ca ch o	
				cr ca ch o	
				cr ca ch o	
				cr ca ch o	
				cr ca ch o	
				cr ca ch o	
				cr ca ch o	
				cr ca ch o	
				cr ca ch o	
				cr ca ch o	
				cr ca ch o	
				cr ca ch o	
	Total Expenses				

Notes

THE *Expense* TRACKER

Tracker For:

Date	Expense / Description	Category	Amount	How Was It Paid (credit, cash, check, other)	Planned Y N
				cr ca ch o	
				cr ca ch o	
				cr ca ch o	
				cr ca ch o	
				cr ca ch o	
				cr ca ch o	
				cr ca ch o	
				cr ca ch o	
				cr ca ch o	
				cr ca ch o	
				cr ca ch o	
				cr ca ch o	
				cr ca ch o	
				cr ca ch o	
				cr ca ch o	
				cr ca ch o	
				cr ca ch o	
	Total Expenses				

Notes

THE *Expense* TRACKER

Tracker For:

Date	Expense / Description	Category	Amount	How Was It Paid (credit, cash, check, other)	Planned Y	Planned N
				cr ca ch o	☐	☐
				cr ca ch o	☐	☐
				cr ca ch o	☐	☐
				cr ca ch o	☐	☐
				cr ca ch o	☐	☐
				cr ca ch o	☐	☐
				cr ca ch o	☐	☐
				cr ca ch o	☐	☐
				cr ca ch o	☐	☐
				cr ca ch o	☐	☐
				cr ca ch o	☐	☐
				cr ca ch o	☐	☐
				cr ca ch o	☐	☐
				cr ca ch o	☐	☐
				cr ca ch o	☐	☐
				cr ca ch o	☐	☐
				cr ca ch o	☐	☐
	Total Expenses					

Notes

THE *Expense* TRACKER

Tracker For:

Date	Expense / Description	Category	Amount	How Was It Paid (credit, cash, check, other)	Planned Y	Planned N
				cr ca ch o		
				cr ca ch o		
				cr ca ch o		
				cr ca ch o		
				cr ca ch o		
				cr ca ch o		
				cr ca ch o		
				cr ca ch o		
				cr ca ch o		
				cr ca ch o		
				cr ca ch o		
				cr ca ch o		
				cr ca ch o		
				cr ca ch o		
				cr ca ch o		
				cr ca ch o		
				cr ca ch o		
	Total Expenses					

Notes

THE *Expense* TRACKER

Tracker For:

Date	Expense / Description	Category	Amount	How Was It Paid (credit, cash, check, other)	Planned Y N
				cr ca ch o	☐ ☐
				cr ca ch o	☐ ☐
				cr ca ch o	☐ ☐
				cr ca ch o	☐ ☐
				cr ca ch o	☐ ☐
				cr ca ch o	☐ ☐
				cr ca ch o	☐ ☐
				cr ca ch o	☐ ☐
				cr ca ch o	☐ ☐
				cr ca ch o	☐ ☐
				cr ca ch o	☐ ☐
				cr ca ch o	☐ ☐
				cr ca ch o	☐ ☐
				cr ca ch o	☐ ☐
				cr ca ch o	☐ ☐
				cr ca ch o	☐ ☐
				cr ca ch o	☐ ☐
	Total Expenses				

Notes

THE *Expense* TRACKER

Tracker For:

Date	Expense / Description	Category	Amount	How Was It Paid (credit, cash, check, other)	Planned Y	Planned N
				cr ca ch o		
				cr ca ch o		
				cr ca ch o		
				cr ca ch o		
				cr ca ch o		
				cr ca ch o		
				cr ca ch o		
				cr ca ch o		
				cr ca ch o		
				cr ca ch o		
				cr ca ch o		
				cr ca ch o		
				cr ca ch o		
				cr ca ch o		
				cr ca ch o		
				cr ca ch o		
				cr ca ch o		
	Total Expenses					

Notes

THE *Expense* TRACKER

Tracker For:

Date	Expense / Description	Category	Amount	How Was It Paid (credit, cash, check, other)	Planned Y N
				cr ca ch o	
				cr ca ch o	
				cr ca ch o	
				cr ca ch o	
				cr ca ch o	
				cr ca ch o	
				cr ca ch o	
				cr ca ch o	
				cr ca ch o	
				cr ca ch o	
				cr ca ch o	
				cr ca ch o	
				cr ca ch o	
				cr ca ch o	
				cr ca ch o	
				cr ca ch o	
				cr ca ch o	
	Total Expenses				

Notes

THE *Expense* TRACKER

Tracker For:

Date	Expense / Description	Category	Amount	How Was It Paid (credit, cash, check, other)	Planned Y N
				cr ca ch o	
				cr ca ch o	
				cr ca ch o	
				cr ca ch o	
				cr ca ch o	
				cr ca ch o	
				cr ca ch o	
				cr ca ch o	
				cr ca ch o	
				cr ca ch o	
				cr ca ch o	
				cr ca ch o	
				cr ca ch o	
				cr ca ch o	
				cr ca ch o	
				cr ca ch o	
				cr ca ch o	
	Total Expenses				

Notes

THE *Expense* TRACKER

Tracker For:

Date	Expense / Description	Category	Amount	How Was It Paid (credit, cash, check, other)	Planned Y	Planned N
				cr ca ch o		
				cr ca ch o		
				cr ca ch o		
				cr ca ch o		
				cr ca ch o		
				cr ca ch o		
				cr ca ch o		
				cr ca ch o		
				cr ca ch o		
				cr ca ch o		
				cr ca ch o		
				cr ca ch o		
				cr ca ch o		
				cr ca ch o		
				cr ca ch o		
				cr ca ch o		
				cr ca ch o		
	Total Expenses					

Notes

THE *Expense* TRACKER

Tracker For:

Date	Expense / Description	Category	Amount	How Was It Paid (credit, cash, check, other)	Planned Y	N
				cr ca ch o		
				cr ca ch o		
				cr ca ch o		
				cr ca ch o		
				cr ca ch o		
				cr ca ch o		
				cr ca ch o		
				cr ca ch o		
				cr ca ch o		
				cr ca ch o		
				cr ca ch o		
				cr ca ch o		
				cr ca ch o		
				cr ca ch o		
				cr ca ch o		
				cr ca ch o		
				cr ca ch o		
	Total Expenses					

Notes

THE Expense TRACKER

Tracker For:

Date	Expense / Description	Category	Amount	How Was It Paid (credit, cash, check, other)	Planned Y	Planned N
				cr ca ch o		
				cr ca ch o		
				cr ca ch o		
				cr ca ch o		
				cr ca ch o		
				cr ca ch o		
				cr ca ch o		
				cr ca ch o		
				cr ca ch o		
				cr ca ch o		
				cr ca ch o		
				cr ca ch o		
				cr ca ch o		
				cr ca ch o		
				cr ca ch o		
				cr ca ch o		
				cr ca ch o		
	Total Expenses					

Notes

THE *Expense* TRACKER

Tracker For:

Date	Expense / Description	Category	Amount	How Was It Paid (credit, cash, check, other)	Planned Y	Planned N
				cr ca ch o		
				cr ca ch o		
				cr ca ch o		
				cr ca ch o		
				cr ca ch o		
				cr ca ch o		
				cr ca ch o		
				cr ca ch o		
				cr ca ch o		
				cr ca ch o		
				cr ca ch o		
				cr ca ch o		
				cr ca ch o		
				cr ca ch o		
				cr ca ch o		
				cr ca ch o		
				cr ca ch o		
	Total Expenses					

Notes

THE *Expense* TRACKER

Tracker For:

Date	Expense / Description	Category	Amount	How Was It Paid (credit, cash, check, other)	Planned Y	N
				cr ca ch o		
				cr ca ch o		
				cr ca ch o		
				cr ca ch o		
				cr ca ch o		
				cr ca ch o		
				cr ca ch o		
				cr ca ch o		
				cr ca ch o		
				cr ca ch o		
				cr ca ch o		
				cr ca ch o		
				cr ca ch o		
				cr ca ch o		
				cr ca ch o		
				cr ca ch o		
				cr ca ch o		
	Total Expenses					

Notes

THE *Expense* TRACKER

Tracker For:

Date	Expense / Description	Category	Amount	How Was It Paid (credit, cash, check, other)	Planned Y N
				cr ca ch o	
				cr ca ch o	
				cr ca ch o	
				cr ca ch o	
				cr ca ch o	
				cr ca ch o	
				cr ca ch o	
				cr ca ch o	
				cr ca ch o	
				cr ca ch o	
				cr ca ch o	
				cr ca ch o	
				cr ca ch o	
				cr ca ch o	
				cr ca ch o	
				cr ca ch o	
				cr ca ch o	
	Total Expenses				

Notes

THE *Expense* TRACKER

Tracker For:

Date	Expense / Description	Category	Amount	How Was It Paid (credit, cash, check, other)	Planned Y N
				cr ca ch o	
				cr ca ch o	
				cr ca ch o	
				cr ca ch o	
				cr ca ch o	
				cr ca ch o	
				cr ca ch o	
				cr ca ch o	
				cr ca ch o	
				cr ca ch o	
				cr ca ch o	
				cr ca ch o	
				cr ca ch o	
				cr ca ch o	
				cr ca ch o	
				cr ca ch o	
				cr ca ch o	
	Total Expenses				

Notes

THE *Expense* TRACKER

Tracker For:

Date	Expense / Description	Category	Amount	How Was It Paid (credit, cash, check, other)	Planned Y	Planned N
				cr ca ch o		
				cr ca ch o		
				cr ca ch o		
				cr ca ch o		
				cr ca ch o		
				cr ca ch o		
				cr ca ch o		
				cr ca ch o		
				cr ca ch o		
				cr ca ch o		
				cr ca ch o		
				cr ca ch o		
				cr ca ch o		
				cr ca ch o		
				cr ca ch o		
				cr ca ch o		
				cr ca ch o		
	Total Expenses					

Notes

THE *Expense* TRACKER

Tracker For:

Date	Expense / Description	Category	Amount	How Was It Paid (credit, cash, check, other)	Planned Y	Planned N
				cr ca ch o		
				cr ca ch o		
				cr ca ch o		
				cr ca ch o		
				cr ca ch o		
				cr ca ch o		
				cr ca ch o		
				cr ca ch o		
				cr ca ch o		
				cr ca ch o		
				cr ca ch o		
				cr ca ch o		
				cr ca ch o		
				cr ca ch o		
				cr ca ch o		
				cr ca ch o		
				cr ca ch o		
	Total Expenses					

Notes

THE *Expense* TRACKER

Tracker For:

Date	Expense / Description	Category	Amount	How Was It Paid (credit, cash, check, other)	Planned Y N
				cr ca ch o	
				cr ca ch o	
				cr ca ch o	
				cr ca ch o	
				cr ca ch o	
				cr ca ch o	
				cr ca ch o	
				cr ca ch o	
				cr ca ch o	
				cr ca ch o	
				cr ca ch o	
				cr ca ch o	
				cr ca ch o	
				cr ca ch o	
				cr ca ch o	
				cr ca ch o	
				cr ca ch o	
	Total Expenses				

Notes

THE *Expense* TRACKER

Tracker For:

Date	Expense / Description	Category	Amount	How Was It Paid (credit, cash, check, other)	Planned Y	Planned N
				cr ca ch o		
				cr ca ch o		
				cr ca ch o		
				cr ca ch o		
				cr ca ch o		
				cr ca ch o		
				cr ca ch o		
				cr ca ch o		
				cr ca ch o		
				cr ca ch o		
				cr ca ch o		
				cr ca ch o		
				cr ca ch o		
				cr ca ch o		
				cr ca ch o		
				cr ca ch o		
				cr ca ch o		
	Total Expenses					

Notes

THE *Expense* TRACKER

Tracker For:

Date	Expense / Description	Category	Amount	How Was It Paid (credit, cash, check, other)	Planned Y	Planned N
				cr ca ch o		
				cr ca ch o		
				cr ca ch o		
				cr ca ch o		
				cr ca ch o		
				cr ca ch o		
				cr ca ch o		
				cr ca ch o		
				cr ca ch o		
				cr ca ch o		
				cr ca ch o		
				cr ca ch o		
				cr ca ch o		
				cr ca ch o		
				cr ca ch o		
				cr ca ch o		
				cr ca ch o		
	Total Expenses					

Notes

THE *Expense* TRACKER

Tracker For:

Date	Expense / Description	Category	Amount	How Was It Paid (credit, cash, check, other)	Planned Y	Planned N
				cr ca ch o		
				cr ca ch o		
				cr ca ch o		
				cr ca ch o		
				cr ca ch o		
				cr ca ch o		
				cr ca ch o		
				cr ca ch o		
				cr ca ch o		
				cr ca ch o		
				cr ca ch o		
				cr ca ch o		
				cr ca ch o		
				cr ca ch o		
				cr ca ch o		
				cr ca ch o		
				cr ca ch o		
	Total Expenses					

Notes

THE Expense TRACKER

Tracker For:

Date	Expense / Description	Category	Amount	How Was It Paid (credit, cash, check, other)	Planned Y	Planned N
				cr ca ch o		
				cr ca ch o		
				cr ca ch o		
				cr ca ch o		
				cr ca ch o		
				cr ca ch o		
				cr ca ch o		
				cr ca ch o		
				cr ca ch o		
				cr ca ch o		
				cr ca ch o		
				cr ca ch o		
				cr ca ch o		
				cr ca ch o		
				cr ca ch o		
				cr ca ch o		
				cr ca ch o		
	Total Expenses					

Notes

THE *Expense* TRACKER

Tracker For:

Date	Expense / Description	Category	Amount	How Was It Paid (credit, cash, check, other)	Planned Y	Planned N
				cr ca ch o		
				cr ca ch o		
				cr ca ch o		
				cr ca ch o		
				cr ca ch o		
				cr ca ch o		
				cr ca ch o		
				cr ca ch o		
				cr ca ch o		
				cr ca ch o		
				cr ca ch o		
				cr ca ch o		
				cr ca ch o		
				cr ca ch o		
				cr ca ch o		
				cr ca ch o		
				cr ca ch o		
	Total Expenses					

Notes

THE *Expense* TRACKER

Tracker For:

Date	Expense / Description	Category	Amount	How Was It Paid (credit, cash, check, other)	Planned Y	Planned N
				cr ca ch o		
				cr ca ch o		
				cr ca ch o		
				cr ca ch o		
				cr ca ch o		
				cr ca ch o		
				cr ca ch o		
				cr ca ch o		
				cr ca ch o		
				cr ca ch o		
				cr ca ch o		
				cr ca ch o		
				cr ca ch o		
				cr ca ch o		
				cr ca ch o		
				cr ca ch o		
				cr ca ch o		
	Total Expenses					

Notes

THE *Expense* TRACKER

Tracker For:

Date	Expense / Description	Category	Amount	How Was It Paid (credit, cash, check, other)	Planned Y N
				cr ca ch o	
				cr ca ch o	
				cr ca ch o	
				cr ca ch o	
				cr ca ch o	
				cr ca ch o	
				cr ca ch o	
				cr ca ch o	
				cr ca ch o	
				cr ca ch o	
				cr ca ch o	
				cr ca ch o	
				cr ca ch o	
				cr ca ch o	
				cr ca ch o	
				cr ca ch o	
				cr ca ch o	
	Total Expenses				

Notes

THE *Expense* TRACKER

Tracker For:

Date	Expense / Description	Category	Amount	How Was It Paid (credit, cash, check, other)	Planned Y	Planned N
				cr ca ch o		
				cr ca ch o		
				cr ca ch o		
				cr ca ch o		
				cr ca ch o		
				cr ca ch o		
				cr ca ch o		
				cr ca ch o		
				cr ca ch o		
				cr ca ch o		
				cr ca ch o		
				cr ca ch o		
				cr ca ch o		
				cr ca ch o		
				cr ca ch o		
				cr ca ch o		
				cr ca ch o		
	Total Expenses					

Notes

THE *Expense* TRACKER

Tracker For:

Date	Expense / Description	Category	Amount	How Was It Paid (credit, cash, check, other)	Planned Y	Planned N
				cr ca ch o		
				cr ca ch o		
				cr ca ch o		
				cr ca ch o		
				cr ca ch o		
				cr ca ch o		
				cr ca ch o		
				cr ca ch o		
				cr ca ch o		
				cr ca ch o		
				cr ca ch o		
				cr ca ch o		
				cr ca ch o		
				cr ca ch o		
				cr ca ch o		
				cr ca ch o		
				cr ca ch o		
	Total Expenses					

Notes

THE *Expense* TRACKER

Tracker For: ______________________

Date	Expense / Description	Category	Amount	How Was It Paid (credit, cash, check, other)	Planned Y	Planned N
				cr ca ch o	☐	☐
				cr ca ch o	☐	☐
				cr ca ch o	☐	☐
				cr ca ch o	☐	☐
				cr ca ch o	☐	☐
				cr ca ch o	☐	☐
				cr ca ch o	☐	☐
				cr ca ch o	☐	☐
				cr ca ch o	☐	☐
				cr ca ch o	☐	☐
				cr ca ch o	☐	☐
				cr ca ch o	☐	☐
				cr ca ch o	☐	☐
				cr ca ch o	☐	☐
				cr ca ch o	☐	☐
				cr ca ch o	☐	☐
				cr ca ch o	☐	☐
	Total Expenses					

Notes

THE *Expense* TRACKER

Tracker For:

Date	Expense / Description	Category	Amount	How Was It Paid (credit, cash, check, other)	Planned Y	Planned N
				cr ca ch o		
				cr ca ch o		
				cr ca ch o		
				cr ca ch o		
				cr ca ch o		
				cr ca ch o		
				cr ca ch o		
				cr ca ch o		
				cr ca ch o		
				cr ca ch o		
				cr ca ch o		
				cr ca ch o		
				cr ca ch o		
				cr ca ch o		
				cr ca ch o		
				cr ca ch o		
				cr ca ch o		
	Total Expenses					

Notes

THE *Expense* TRACKER

Tracker For:

Date	Expense / Description	Category	Amount	How Was It Paid (credit, cash, check, other)	Planned Y N
				cr ca ch o	
				cr ca ch o	
				cr ca ch o	
				cr ca ch o	
				cr ca ch o	
				cr ca ch o	
				cr ca ch o	
				cr ca ch o	
				cr ca ch o	
				cr ca ch o	
				cr ca ch o	
				cr ca ch o	
				cr ca ch o	
				cr ca ch o	
				cr ca ch o	
				cr ca ch o	
				cr ca ch o	
	Total Expenses				

Notes

THE *Expense* TRACKER

Tracker For: ____________________

Date	Expense / Description	Category	Amount	How Was It Paid (credit, cash, check, other)	Planned Y	Planned N
				cr ca ch o	☐	☐
				cr ca ch o	☐	☐
				cr ca ch o	☐	☐
				cr ca ch o	☐	☐
				cr ca ch o	☐	☐
				cr ca ch o	☐	☐
				cr ca ch o	☐	☐
				cr ca ch o	☐	☐
				cr ca ch o	☐	☐
				cr ca ch o	☐	☐
				cr ca ch o	☐	☐
				cr ca ch o	☐	☐
				cr ca ch o	☐	☐
				cr ca ch o	☐	☐
				cr ca ch o	☐	☐
				cr ca ch o	☐	☐
				cr ca ch o	☐	☐
	Total Expenses					

Notes

THE *Expense* TRACKER

Tracker For:

Date	Expense / Description	Category	Amount	How Was It Paid (credit, cash, check, other)	Planned Y	N
				cr ca ch o		
				cr ca ch o		
				cr ca ch o		
				cr ca ch o		
				cr ca ch o		
				cr ca ch o		
				cr ca ch o		
				cr ca ch o		
				cr ca ch o		
				cr ca ch o		
				cr ca ch o		
				cr ca ch o		
				cr ca ch o		
				cr ca ch o		
				cr ca ch o		
				cr ca ch o		
				cr ca ch o		
	Total Expenses					

Notes

THE *Expense* TRACKER

Tracker For:

Date	Expense / Description	Category	Amount	How Was It Paid (credit, cash, check, other)	Planned Y N
				cr ca ch o	☐ ☐
				cr ca ch o	☐ ☐
				cr ca ch o	☐ ☐
				cr ca ch o	☐ ☐
				cr ca ch o	☐ ☐
				cr ca ch o	☐ ☐
				cr ca ch o	☐ ☐
				cr ca ch o	☐ ☐
				cr ca ch o	☐ ☐
				cr ca ch o	☐ ☐
				cr ca ch o	☐ ☐
				cr ca ch o	☐ ☐
				cr ca ch o	☐ ☐
				cr ca ch o	☐ ☐
				cr ca ch o	☐ ☐
				cr ca ch o	☐ ☐
				cr ca ch o	☐ ☐
	Total Expenses				

Notes

THE *Expense* TRACKER

Tracker For:

Date	Expense / Description	Category	Amount	How Was It Paid (credit, cash, check, other)	Planned Y	Planned N
				cr ca ch o		
				cr ca ch o		
				cr ca ch o		
				cr ca ch o		
				cr ca ch o		
				cr ca ch o		
				cr ca ch o		
				cr ca ch o		
				cr ca ch o		
				cr ca ch o		
				cr ca ch o		
				cr ca ch o		
				cr ca ch o		
				cr ca ch o		
				cr ca ch o		
				cr ca ch o		
				cr ca ch o		
	Total Expenses					

Notes

THE *Expense* TRACKER

Tracker For:

Date	Expense / Description	Category	Amount	How Was It Paid (credit, cash, check, other)	Planned Y	Planned N
				cr ca ch o		
				cr ca ch o		
				cr ca ch o		
				cr ca ch o		
				cr ca ch o		
				cr ca ch o		
				cr ca ch o		
				cr ca ch o		
				cr ca ch o		
				cr ca ch o		
				cr ca ch o		
				cr ca ch o		
				cr ca ch o		
				cr ca ch o		
				cr ca ch o		
				cr ca ch o		
				cr ca ch o		
	Total Expenses					

Notes

THE *Expense* TRACKER

Tracker For:

Date	Expense / Description	Category	Amount	How Was It Paid (credit, cash, check, other)	Planned Y	Planned N
				cr ca ch o		
				cr ca ch o		
				cr ca ch o		
				cr ca ch o		
				cr ca ch o		
				cr ca ch o		
				cr ca ch o		
				cr ca ch o		
				cr ca ch o		
				cr ca ch o		
				cr ca ch o		
				cr ca ch o		
				cr ca ch o		
				cr ca ch o		
				cr ca ch o		
				cr ca ch o		
				cr ca ch o		
	Total Expenses					

Notes

THE *Expense* TRACKER

Tracker For:

Date	Expense / Description	Category	Amount	How Was It Paid (credit, cash, check, other)	Planned Y	Planned N
				cr ca ch o		
				cr ca ch o		
				cr ca ch o		
				cr ca ch o		
				cr ca ch o		
				cr ca ch o		
				cr ca ch o		
				cr ca ch o		
				cr ca ch o		
				cr ca ch o		
				cr ca ch o		
				cr ca ch o		
				cr ca ch o		
				cr ca ch o		
				cr ca ch o		
				cr ca ch o		
				cr ca ch o		
	Total Expenses					

Notes

THE *Expense* TRACKER

Tracker For:

Date	Expense / Description	Category	Amount	How Was It Paid (credit, cash, check, other)	Planned Y	Planned N
				cr ca ch o		
				cr ca ch o		
				cr ca ch o		
				cr ca ch o		
				cr ca ch o		
				cr ca ch o		
				cr ca ch o		
				cr ca ch o		
				cr ca ch o		
				cr ca ch o		
				cr ca ch o		
				cr ca ch o		
				cr ca ch o		
				cr ca ch o		
				cr ca ch o		
				cr ca ch o		
				cr ca ch o		
	Total Expenses					

Notes

THE *Expense* TRACKER

Tracker For:

Date	Expense / Description	Category	Amount	How Was It Paid (credit, cash, check, other)	Planned Y	Planned N
				cr ca ch o		
				cr ca ch o		
				cr ca ch o		
				cr ca ch o		
				cr ca ch o		
				cr ca ch o		
				cr ca ch o		
				cr ca ch o		
				cr ca ch o		
				cr ca ch o		
				cr ca ch o		
				cr ca ch o		
				cr ca ch o		
				cr ca ch o		
				cr ca ch o		
				cr ca ch o		
				cr ca ch o		
	Total Expenses					

Notes

THE *Expense* TRACKER

Tracker For:

Date	Expense / Description	Category	Amount	How Was It Paid (credit, cash, check, other)	Planned Y N
				cr ca ch o	
				cr ca ch o	
				cr ca ch o	
				cr ca ch o	
				cr ca ch o	
				cr ca ch o	
				cr ca ch o	
				cr ca ch o	
				cr ca ch o	
				cr ca ch o	
				cr ca ch o	
				cr ca ch o	
				cr ca ch o	
				cr ca ch o	
				cr ca ch o	
				cr ca ch o	
				cr ca ch o	
	Total Expenses				

Notes

THE *Expense* TRACKER

Tracker For:

Date	Expense / Description	Category	Amount	How Was It Paid (credit, cash, check, other)	Planned Y N
				cr ca ch o	
				cr ca ch o	
				cr ca ch o	
				cr ca ch o	
				cr ca ch o	
				cr ca ch o	
				cr ca ch o	
				cr ca ch o	
				cr ca ch o	
				cr ca ch o	
				cr ca ch o	
				cr ca ch o	
				cr ca ch o	
				cr ca ch o	
				cr ca ch o	
				cr ca ch o	
				cr ca ch o	
	Total Expenses				

Notes

THE *Expense* TRACKER

Tracker For:

Date	Expense / Description	Category	Amount	How Was It Paid (credit, cash, check, other)	Planned Y	N
				cr ca ch o		
				cr ca ch o		
				cr ca ch o		
				cr ca ch o		
				cr ca ch o		
				cr ca ch o		
				cr ca ch o		
				cr ca ch o		
				cr ca ch o		
				cr ca ch o		
				cr ca ch o		
				cr ca ch o		
				cr ca ch o		
				cr ca ch o		
				cr ca ch o		
				cr ca ch o		
				cr ca ch o		
	Total Expenses					

Notes

THE *Expense* TRACKER

Tracker For:

Date	Expense / Description	Category	Amount	How Was It Paid (credit, cash, check, other)	Planned Y N
				cr ca ch o	
				cr ca ch o	
				cr ca ch o	
				cr ca ch o	
				cr ca ch o	
				cr ca ch o	
				cr ca ch o	
				cr ca ch o	
				cr ca ch o	
				cr ca ch o	
				cr ca ch o	
				cr ca ch o	
				cr ca ch o	
				cr ca ch o	
				cr ca ch o	
				cr ca ch o	
				cr ca ch o	
	Total Expenses				

Notes

THE *Expense* TRACKER

Tracker For:

Date	Expense / Description	Category	Amount	How Was It Paid (credit, cash, check, other)	Planned Y	N
				cr ca ch o		
				cr ca ch o		
				cr ca ch o		
				cr ca ch o		
				cr ca ch o		
				cr ca ch o		
				cr ca ch o		
				cr ca ch o		
				cr ca ch o		
				cr ca ch o		
				cr ca ch o		
				cr ca ch o		
				cr ca ch o		
				cr ca ch o		
				cr ca ch o		
				cr ca ch o		
				cr ca ch o		
	Total Expenses					

Notes

THE *Expense* TRACKER

Tracker For:

Date	Expense / Description	Category	Amount	How Was It Paid (credit, cash, check, other)	Planned Y	N
				cr ca ch o		
				cr ca ch o		
				cr ca ch o		
				cr ca ch o		
				cr ca ch o		
				cr ca ch o		
				cr ca ch o		
				cr ca ch o		
				cr ca ch o		
				cr ca ch o		
				cr ca ch o		
				cr ca ch o		
				cr ca ch o		
				cr ca ch o		
				cr ca ch o		
				cr ca ch o		
				cr ca ch o		
	Total Expenses					

Notes

THE *Expense* TRACKER

Tracker For: ______________________

Date	Expense / Description	Category	Amount	How Was It Paid (credit, cash, check, other)	Planned Y	Planned N
				cr ca ch o	☐	☐
				cr ca ch o	☐	☐
				cr ca ch o	☐	☐
				cr ca ch o	☐	☐
				cr ca ch o	☐	☐
				cr ca ch o	☐	☐
				cr ca ch o	☐	☐
				cr ca ch o	☐	☐
				cr ca ch o	☐	☐
				cr ca ch o	☐	☐
				cr ca ch o	☐	☐
				cr ca ch o	☐	☐
				cr ca ch o	☐	☐
				cr ca ch o	☐	☐
				cr ca ch o	☐	☐
				cr ca ch o	☐	☐
				cr ca ch o	☐	☐
	Total Expenses					

Notes

THE *Expense* TRACKER

Tracker For:

Date	Expense / Description	Category	Amount	How Was It Paid (credit, cash, check, other)	Planned Y	Planned N
				cr ca ch o		
				cr ca ch o		
				cr ca ch o		
				cr ca ch o		
				cr ca ch o		
				cr ca ch o		
				cr ca ch o		
				cr ca ch o		
				cr ca ch o		
				cr ca ch o		
				cr ca ch o		
				cr ca ch o		
				cr ca ch o		
				cr ca ch o		
				cr ca ch o		
				cr ca ch o		
				cr ca ch o		
	Total Expenses					

Notes

THE *Expense* TRACKER

Tracker For:

Date	Expense / Description	Category	Amount	How Was It Paid (credit, cash, check, other)	Planned Y	Planned N
				cr ca ch o		
				cr ca ch o		
				cr ca ch o		
				cr ca ch o		
				cr ca ch o		
				cr ca ch o		
				cr ca ch o		
				cr ca ch o		
				cr ca ch o		
				cr ca ch o		
				cr ca ch o		
				cr ca ch o		
				cr ca ch o		
				cr ca ch o		
				cr ca ch o		
				cr ca ch o		
				cr ca ch o		
	Total Expenses					

Notes

THE *Expense* TRACKER

Tracker For:

Date	Expense / Description	Category	Amount	How Was It Paid (credit, cash, check, other)	Planned Y N
				cr ca ch o	
				cr ca ch o	
				cr ca ch o	
				cr ca ch o	
				cr ca ch o	
				cr ca ch o	
				cr ca ch o	
				cr ca ch o	
				cr ca ch o	
				cr ca ch o	
				cr ca ch o	
				cr ca ch o	
				cr ca ch o	
				cr ca ch o	
				cr ca ch o	
				cr ca ch o	
				cr ca ch o	
	Total Expenses				

Notes

THE *Expense* TRACKER

Tracker For:

Date	Expense / Description	Category	Amount	How Was It Paid (credit, cash, check, other)	Planned Y	Planned N
				cr ca ch o		
				cr ca ch o		
				cr ca ch o		
				cr ca ch o		
				cr ca ch o		
				cr ca ch o		
				cr ca ch o		
				cr ca ch o		
				cr ca ch o		
				cr ca ch o		
				cr ca ch o		
				cr ca ch o		
				cr ca ch o		
				cr ca ch o		
				cr ca ch o		
				cr ca ch o		
				cr ca ch o		
	Total Expenses					

Notes

THE *Expense* TRACKER

Tracker For:

Date	Expense / Description	Category	Amount	How Was It Paid (credit, cash, check, other)	Planned Y	Planned N
				cr ca ch o		
				cr ca ch o		
				cr ca ch o		
				cr ca ch o		
				cr ca ch o		
				cr ca ch o		
				cr ca ch o		
				cr ca ch o		
				cr ca ch o		
				cr ca ch o		
				cr ca ch o		
				cr ca ch o		
				cr ca ch o		
				cr ca ch o		
				cr ca ch o		
				cr ca ch o		
				cr ca ch o		
	Total Expenses					

Notes

THE *Expense* TRACKER

Tracker For: ______________________

Date	Expense / Description	Category	Amount	How Was It Paid (credit, cash, check, other)	Planned Y	Planned N
				cr ca ch o	☐	☐
				cr ca ch o	☐	☐
				cr ca ch o	☐	☐
				cr ca ch o	☐	☐
				cr ca ch o	☐	☐
				cr ca ch o	☐	☐
				cr ca ch o	☐	☐
				cr ca ch o	☐	☐
				cr ca ch o	☐	☐
				cr ca ch o	☐	☐
				cr ca ch o	☐	☐
				cr ca ch o	☐	☐
				cr ca ch o	☐	☐
				cr ca ch o	☐	☐
				cr ca ch o	☐	☐
				cr ca ch o	☐	☐
				cr ca ch o	☐	☐
	Total Expenses					

Notes

THE *Expense* TRACKER

Tracker For:

Date	Expense / Description	Category	Amount	How Was It Paid (credit, cash, check, other)	Planned Y	Planned N
				cr ca ch o	☐	☐
				cr ca ch o	☐	☐
				cr ca ch o	☐	☐
				cr ca ch o	☐	☐
				cr ca ch o	☐	☐
				cr ca ch o	☐	☐
				cr ca ch o	☐	☐
				cr ca ch o	☐	☐
				cr ca ch o	☐	☐
				cr ca ch o	☐	☐
				cr ca ch o	☐	☐
				cr ca ch o	☐	☐
				cr ca ch o	☐	☐
				cr ca ch o	☐	☐
				cr ca ch o	☐	☐
				cr ca ch o	☐	☐
				cr ca ch o	☐	☐
	Total Expenses					

Notes

THE *Expense* TRACKER

Tracker For:

Date	Expense / Description	Category	Amount	How Was It Paid (credit, cash, check, other)	Planned Y N
				cr ca ch o	☐ ☐
				cr ca ch o	☐ ☐
				cr ca ch o	☐ ☐
				cr ca ch o	☐ ☐
				cr ca ch o	☐ ☐
				cr ca ch o	☐ ☐
				cr ca ch o	☐ ☐
				cr ca ch o	☐ ☐
				cr ca ch o	☐ ☐
				cr ca ch o	☐ ☐
				cr ca ch o	☐ ☐
				cr ca ch o	☐ ☐
				cr ca ch o	☐ ☐
				cr ca ch o	☐ ☐
				cr ca ch o	☐ ☐
				cr ca ch o	☐ ☐
				cr ca ch o	☐ ☐
	Total Expenses				

Notes

THE *Expense* TRACKER

Tracker For:

Date	Expense / Description	Category	Amount	How Was It Paid (credit, cash, check, other)	Planned Y	Planned N
				cr ca ch o		
				cr ca ch o		
				cr ca ch o		
				cr ca ch o		
				cr ca ch o		
				cr ca ch o		
				cr ca ch o		
				cr ca ch o		
				cr ca ch o		
				cr ca ch o		
				cr ca ch o		
				cr ca ch o		
				cr ca ch o		
				cr ca ch o		
				cr ca ch o		
				cr ca ch o		
				cr ca ch o		
	Total Expenses					

Notes

THE *Expense* TRACKER

Tracker For:

Date	Expense / Description	Category	Amount	How Was It Paid (credit, cash, check, other)	Planned Y	Planned N
				cr ca ch o		
				cr ca ch o		
				cr ca ch o		
				cr ca ch o		
				cr ca ch o		
				cr ca ch o		
				cr ca ch o		
				cr ca ch o		
				cr ca ch o		
				cr ca ch o		
				cr ca ch o		
				cr ca ch o		
				cr ca ch o		
				cr ca ch o		
				cr ca ch o		
				cr ca ch o		
				cr ca ch o		
	Total Expenses					

Notes

THE *Expense* TRACKER

Tracker For:

Date	Expense / Description	Category	Amount	How Was It Paid (credit, cash, check, other)	Planned Y	N
				cr ca ch o		
				cr ca ch o		
				cr ca ch o		
				cr ca ch o		
				cr ca ch o		
				cr ca ch o		
				cr ca ch o		
				cr ca ch o		
				cr ca ch o		
				cr ca ch o		
				cr ca ch o		
				cr ca ch o		
				cr ca ch o		
				cr ca ch o		
				cr ca ch o		
				cr ca ch o		
				cr ca ch o		
	Total Expenses					

Notes

THE *Expense* TRACKER

Tracker For:

Date	Expense / Description	Category	Amount	How Was It Paid (credit, cash, check, other)	Planned Y	N
				cr ca ch o	☐	☐
				cr ca ch o	☐	☐
				cr ca ch o	☐	☐
				cr ca ch o	☐	☐
				cr ca ch o	☐	☐
				cr ca ch o	☐	☐
				cr ca ch o	☐	☐
				cr ca ch o	☐	☐
				cr ca ch o	☐	☐
				cr ca ch o	☐	☐
				cr ca ch o	☐	☐
				cr ca ch o	☐	☐
				cr ca ch o	☐	☐
				cr ca ch o	☐	☐
				cr ca ch o	☐	☐
				cr ca ch o	☐	☐
				cr ca ch o	☐	☐
	Total Expenses					

Notes

THE *Expense* TRACKER

Tracker For:

Date	Expense / Description	Category	Amount	How Was It Paid (credit, cash, check, other)	Planned Y N
				cr ca ch o	☐ ☐
				cr ca ch o	☐ ☐
				cr ca ch o	☐ ☐
				cr ca ch o	☐ ☐
				cr ca ch o	☐ ☐
				cr ca ch o	☐ ☐
				cr ca ch o	☐ ☐
				cr ca ch o	☐ ☐
				cr ca ch o	☐ ☐
				cr ca ch o	☐ ☐
				cr ca ch o	☐ ☐
				cr ca ch o	☐ ☐
				cr ca ch o	☐ ☐
				cr ca ch o	☐ ☐
				cr ca ch o	☐ ☐
				cr ca ch o	☐ ☐
				cr ca ch o	☐ ☐
	Total Expenses				

Notes

THE *Expense* TRACKER

Tracker For:

Date	Expense / Description	Category	Amount	How Was It Paid (credit, cash, check, other)	Planned Y N
				cr ca ch o	
				cr ca ch o	
				cr ca ch o	
				cr ca ch o	
				cr ca ch o	
				cr ca ch o	
				cr ca ch o	
				cr ca ch o	
				cr ca ch o	
				cr ca ch o	
				cr ca ch o	
				cr ca ch o	
				cr ca ch o	
				cr ca ch o	
				cr ca ch o	
				cr ca ch o	
				cr ca ch o	
	Total Expenses				

Notes

THE *Expense* TRACKER

Tracker For:

Date	Expense / Description	Category	Amount	How Was It Paid (credit, cash, check, other)	Planned Y N
				cr ca ch o	
				cr ca ch o	
				cr ca ch o	
				cr ca ch o	
				cr ca ch o	
				cr ca ch o	
				cr ca ch o	
				cr ca ch o	
				cr ca ch o	
				cr ca ch o	
				cr ca ch o	
				cr ca ch o	
				cr ca ch o	
				cr ca ch o	
				cr ca ch o	
				cr ca ch o	
				cr ca ch o	
	Total Expenses				

Notes

THE *Expense* TRACKER

Tracker For:

Date	Expense / Description	Category	Amount	How Was It Paid (credit, cash, check, other)	Planned Y N
				cr ca ch o	
				cr ca ch o	
				cr ca ch o	
				cr ca ch o	
				cr ca ch o	
				cr ca ch o	
				cr ca ch o	
				cr ca ch o	
				cr ca ch o	
				cr ca ch o	
				cr ca ch o	
				cr ca ch o	
				cr ca ch o	
				cr ca ch o	
				cr ca ch o	
				cr ca ch o	
				cr ca ch o	
	Total Expenses				

Notes

THE *Expense* TRACKER

Tracker For:

Date	Expense / Description	Category	Amount	How Was It Paid (credit, cash, check, other)	Planned Y	Planned N
				cr ca ch o		
				cr ca ch o		
				cr ca ch o		
				cr ca ch o		
				cr ca ch o		
				cr ca ch o		
				cr ca ch o		
				cr ca ch o		
				cr ca ch o		
				cr ca ch o		
				cr ca ch o		
				cr ca ch o		
				cr ca ch o		
				cr ca ch o		
				cr ca ch o		
				cr ca ch o		
				cr ca ch o		
	Total Expenses					

Notes

THE *Expense* TRACKER

Tracker For:

Date	Expense / Description	Category	Amount	How Was It Paid (credit, cash, check, other)	Planned Y	N
				cr ca ch o		
				cr ca ch o		
				cr ca ch o		
				cr ca ch o		
				cr ca ch o		
				cr ca ch o		
				cr ca ch o		
				cr ca ch o		
				cr ca ch o		
				cr ca ch o		
				cr ca ch o		
				cr ca ch o		
				cr ca ch o		
				cr ca ch o		
				cr ca ch o		
				cr ca ch o		
				cr ca ch o		
	Total Expenses					

Notes

THE *Expense* TRACKER

Tracker For:

Date	Expense / Description	Category	Amount	How Was It Paid (credit, cash, check, other)	Planned Y	Planned N
				cr ca ch o	☐	☐
				cr ca ch o	☐	☐
				cr ca ch o	☐	☐
				cr ca ch o	☐	☐
				cr ca ch o	☐	☐
				cr ca ch o	☐	☐
				cr ca ch o	☐	☐
				cr ca ch o	☐	☐
				cr ca ch o	☐	☐
				cr ca ch o	☐	☐
				cr ca ch o	☐	☐
				cr ca ch o	☐	☐
				cr ca ch o	☐	☐
				cr ca ch o	☐	☐
				cr ca ch o	☐	☐
				cr ca ch o	☐	☐
				cr ca ch o	☐	☐
	Total Expenses					

Notes

THE *Expense* TRACKER

Tracker For:

Date	Expense / Description	Category	Amount	How Was It Paid (credit, cash, check, other)	Planned Y	N
				cr ca ch o		
				cr ca ch o		
				cr ca ch o		
				cr ca ch o		
				cr ca ch o		
				cr ca ch o		
				cr ca ch o		
				cr ca ch o		
				cr ca ch o		
				cr ca ch o		
				cr ca ch o		
				cr ca ch o		
				cr ca ch o		
				cr ca ch o		
				cr ca ch o		
				cr ca ch o		
				cr ca ch o		
	Total Expenses					

Notes

THE *Expense* TRACKER

Tracker For:

Date	Expense / Description	Category	Amount	How Was It Paid (credit, cash, check, other)	Planned Y	Planned N
				cr ca ch o		
				cr ca ch o		
				cr ca ch o		
				cr ca ch o		
				cr ca ch o		
				cr ca ch o		
				cr ca ch o		
				cr ca ch o		
				cr ca ch o		
				cr ca ch o		
				cr ca ch o		
				cr ca ch o		
				cr ca ch o		
				cr ca ch o		
				cr ca ch o		
				cr ca ch o		
				cr ca ch o		
	Total Expenses					

Notes

THE *Expense* TRACKER

Tracker For: ____________________

Date	Expense / Description	Category	Amount	How Was It Paid (credit, cash, check, other)	Planned Y	Planned N
				cr ca ch o	☐	☐
				cr ca ch o	☐	☐
				cr ca ch o	☐	☐
				cr ca ch o	☐	☐
				cr ca ch o	☐	☐
				cr ca ch o	☐	☐
				cr ca ch o	☐	☐
				cr ca ch o	☐	☐
				cr ca ch o	☐	☐
				cr ca ch o	☐	☐
				cr ca ch o	☐	☐
				cr ca ch o	☐	☐
				cr ca ch o	☐	☐
				cr ca ch o	☐	☐
				cr ca ch o	☐	☐
				cr ca ch o	☐	☐
				cr ca ch o	☐	☐
	Total Expenses					

Notes

THE *Expense* TRACKER

Tracker For:

Date	Expense / Description	Category	Amount	How Was It Paid (credit, cash, check, other)	Planned Y	Planned N
				cr ca ch o		
				cr ca ch o		
				cr ca ch o		
				cr ca ch o		
				cr ca ch o		
				cr ca ch o		
				cr ca ch o		
				cr ca ch o		
				cr ca ch o		
				cr ca ch o		
				cr ca ch o		
				cr ca ch o		
				cr ca ch o		
				cr ca ch o		
				cr ca ch o		
				cr ca ch o		
				cr ca ch o		
	Total Expenses					

Notes

THE *Expense* TRACKER

Tracker For:

Date	Expense / Description	Category	Amount	How Was It Paid (credit, cash, check, other)	Planned Y	Planned N
				cr ca ch o		
				cr ca ch o		
				cr ca ch o		
				cr ca ch o		
				cr ca ch o		
				cr ca ch o		
				cr ca ch o		
				cr ca ch o		
				cr ca ch o		
				cr ca ch o		
				cr ca ch o		
				cr ca ch o		
				cr ca ch o		
				cr ca ch o		
				cr ca ch o		
				cr ca ch o		
				cr ca ch o		
	Total Expenses					

Notes

THE *Expense* TRACKER

Tracker For:

Date	Expense / Description	Category	Amount	How Was It Paid (credit, cash, check, other)	Planned Y N
				cr ca ch o	☐ ☐
				cr ca ch o	☐ ☐
				cr ca ch o	☐ ☐
				cr ca ch o	☐ ☐
				cr ca ch o	☐ ☐
				cr ca ch o	☐ ☐
				cr ca ch o	☐ ☐
				cr ca ch o	☐ ☐
				cr ca ch o	☐ ☐
				cr ca ch o	☐ ☐
				cr ca ch o	☐ ☐
				cr ca ch o	☐ ☐
				cr ca ch o	☐ ☐
				cr ca ch o	☐ ☐
				cr ca ch o	☐ ☐
				cr ca ch o	☐ ☐
				cr ca ch o	☐ ☐
	Total Expenses				

Notes

THE *Expense* TRACKER

Tracker For:

Date	Expense / Description	Category	Amount	How Was It Paid (credit, cash, check, other)	Planned Y	Planned N
				cr ca ch o		
				cr ca ch o		
				cr ca ch o		
				cr ca ch o		
				cr ca ch o		
				cr ca ch o		
				cr ca ch o		
				cr ca ch o		
				cr ca ch o		
				cr ca ch o		
				cr ca ch o		
				cr ca ch o		
				cr ca ch o		
				cr ca ch o		
				cr ca ch o		
				cr ca ch o		
				cr ca ch o		
	Total Expenses					

Notes

THE *Expense* TRACKER

Tracker For:

Date	Expense / Description	Category	Amount	How Was It Paid (credit, cash, check, other)	Planned Y	Planned N
				cr ca ch o		
				cr ca ch o		
				cr ca ch o		
				cr ca ch o		
				cr ca ch o		
				cr ca ch o		
				cr ca ch o		
				cr ca ch o		
				cr ca ch o		
				cr ca ch o		
				cr ca ch o		
				cr ca ch o		
				cr ca ch o		
				cr ca ch o		
				cr ca ch o		
				cr ca ch o		
				cr ca ch o		
	Total Expenses					

Notes

THE *Expense* TRACKER

Tracker For: ______________________

Date	Expense / Description	Category	Amount	How Was It Paid (credit, cash, check, other)	Planned Y	Planned N
				cr ca ch o	☐	☐
				cr ca ch o	☐	☐
				cr ca ch o	☐	☐
				cr ca ch o	☐	☐
				cr ca ch o	☐	☐
				cr ca ch o	☐	☐
				cr ca ch o	☐	☐
				cr ca ch o	☐	☐
				cr ca ch o	☐	☐
				cr ca ch o	☐	☐
				cr ca ch o	☐	☐
				cr ca ch o	☐	☐
				cr ca ch o	☐	☐
				cr ca ch o	☐	☐
				cr ca ch o	☐	☐
				cr ca ch o	☐	☐
				cr ca ch o	☐	☐
	Total Expenses					

Notes

THE *Expense* TRACKER

Tracker For:

Date	Expense / Description	Category	Amount	How Was It Paid (credit, cash, check, other)	Planned Y	Planned N
				cr ca ch o	☐	☐
				cr ca ch o	☐	☐
				cr ca ch o	☐	☐
				cr ca ch o	☐	☐
				cr ca ch o	☐	☐
				cr ca ch o	☐	☐
				cr ca ch o	☐	☐
				cr ca ch o	☐	☐
				cr ca ch o	☐	☐
				cr ca ch o	☐	☐
				cr ca ch o	☐	☐
				cr ca ch o	☐	☐
				cr ca ch o	☐	☐
				cr ca ch o	☐	☐
				cr ca ch o	☐	☐
				cr ca ch o	☐	☐
				cr ca ch o	☐	☐
	Total Expenses					

Notes

THE *Expense* TRACKER

Tracker For:

Date	Expense / Description	Category	Amount	How Was It Paid (credit, cash, check, other)	Planned Y N
				cr ca ch o	
				cr ca ch o	
				cr ca ch o	
				cr ca ch o	
				cr ca ch o	
				cr ca ch o	
				cr ca ch o	
				cr ca ch o	
				cr ca ch o	
				cr ca ch o	
				cr ca ch o	
				cr ca ch o	
				cr ca ch o	
				cr ca ch o	
				cr ca ch o	
				cr ca ch o	
				cr ca ch o	
	Total Expenses				

Notes

THE *Expense* TRACKER

Tracker For:

Date	Expense / Description	Category	Amount	How Was It Paid (credit, cash, check, other)	Planned Y	Planned N
				cr ca ch o		
				cr ca ch o		
				cr ca ch o		
				cr ca ch o		
				cr ca ch o		
				cr ca ch o		
				cr ca ch o		
				cr ca ch o		
				cr ca ch o		
				cr ca ch o		
				cr ca ch o		
				cr ca ch o		
				cr ca ch o		
				cr ca ch o		
				cr ca ch o		
				cr ca ch o		
	Total Expenses					

Notes

THE *Expense* TRACKER

Tracker For:

Date	Expense / Description	Category	Amount	How Was It Paid (credit, cash, check, other)	Planned Y N
				cr ca ch o	
				cr ca ch o	
				cr ca ch o	
				cr ca ch o	
				cr ca ch o	
				cr ca ch o	
				cr ca ch o	
				cr ca ch o	
				cr ca ch o	
				cr ca ch o	
				cr ca ch o	
				cr ca ch o	
				cr ca ch o	
				cr ca ch o	
				cr ca ch o	
				cr ca ch o	
				cr ca ch o	
	Total Expenses				

Notes

THE *Expense* TRACKER

Tracker For:

Date	Expense / Description	Category	Amount	How Was It Paid (credit, cash, check, other)	Planned Y	Planned N
				cr ca ch o		
				cr ca ch o		
				cr ca ch o		
				cr ca ch o		
				cr ca ch o		
				cr ca ch o		
				cr ca ch o		
				cr ca ch o		
				cr ca ch o		
				cr ca ch o		
				cr ca ch o		
				cr ca ch o		
				cr ca ch o		
				cr ca ch o		
				cr ca ch o		
				cr ca ch o		
				cr ca ch o		
	Total Expenses					

Notes

THE *Expense* TRACKER

Tracker For: ______________________

Date	Expense / Description	Category	Amount	How Was It Paid (credit, cash, check, other)	Planned Y	Planned N
				cr ca ch o		
				cr ca ch o		
				cr ca ch o		
				cr ca ch o		
				cr ca ch o		
				cr ca ch o		
				cr ca ch o		
				cr ca ch o		
				cr ca ch o		
				cr ca ch o		
				cr ca ch o		
				cr ca ch o		
				cr ca ch o		
				cr ca ch o		
				cr ca ch o		
				cr ca ch o		
				cr ca ch o		
	Total Expenses					

Notes

THE *Expense* TRACKER

Tracker For:

Date	Expense / Description	Category	Amount	How Was It Paid (credit, cash, check, other)	Planned Y	Planned N
				cr ca ch o		
				cr ca ch o		
				cr ca ch o		
				cr ca ch o		
				cr ca ch o		
				cr ca ch o		
				cr ca ch o		
				cr ca ch o		
				cr ca ch o		
				cr ca ch o		
				cr ca ch o		
				cr ca ch o		
				cr ca ch o		
				cr ca ch o		
				cr ca ch o		
				cr ca ch o		
				cr ca ch o		
	Total Expenses					

Notes

THE *Expense* TRACKER

Tracker For:

Date	Expense / Description	Category	Amount	How Was It Paid (credit, cash, check, other)	Planned Y	Planned N
				cr ca ch o		
				cr ca ch o		
				cr ca ch o		
				cr ca ch o		
				cr ca ch o		
				cr ca ch o		
				cr ca ch o		
				cr ca ch o		
				cr ca ch o		
				cr ca ch o		
				cr ca ch o		
				cr ca ch o		
				cr ca ch o		
				cr ca ch o		
				cr ca ch o		
				cr ca ch o		
				cr ca ch o		
	Total Expenses					

Notes

THE *Expense* TRACKER

Tracker For:

Date	Expense / Description	Category	Amount	How Was It Paid (credit, cash, check, other)	Planned Y	Planned N
				cr ca ch o		
				cr ca ch o		
				cr ca ch o		
				cr ca ch o		
				cr ca ch o		
				cr ca ch o		
				cr ca ch o		
				cr ca ch o		
				cr ca ch o		
				cr ca ch o		
				cr ca ch o		
				cr ca ch o		
				cr ca ch o		
				cr ca ch o		
				cr ca ch o		
				cr ca ch o		
				cr ca ch o		
	Total Expenses					

Notes

THE *Expense* TRACKER

Tracker For:

Date	Expense / Description	Category	Amount	How Was It Paid (credit, cash, check, other)	Planned Y	Planned N
				cr ca ch o		
				cr ca ch o		
				cr ca ch o		
				cr ca ch o		
				cr ca ch o		
				cr ca ch o		
				cr ca ch o		
				cr ca ch o		
				cr ca ch o		
				cr ca ch o		
				cr ca ch o		
				cr ca ch o		
				cr ca ch o		
				cr ca ch o		
				cr ca ch o		
				cr ca ch o		
				cr ca ch o		
	Total Expenses					

Notes

THE *Expense* TRACKER

Tracker For:

Date	Expense / Description	Category	Amount	How Was It Paid (credit, cash, check, other)	Planned Y N
				cr ca ch o	
				cr ca ch o	
				cr ca ch o	
				cr ca ch o	
				cr ca ch o	
				cr ca ch o	
				cr ca ch o	
				cr ca ch o	
				cr ca ch o	
				cr ca ch o	
				cr ca ch o	
				cr ca ch o	
				cr ca ch o	
				cr ca ch o	
				cr ca ch o	
				cr ca ch o	
				cr ca ch o	
	Total Expenses				

Notes

THE *Expense* TRACKER

Tracker For:

Date	Expense / Description	Category	Amount	How Was It Paid (credit, cash, check, other)	Planned Y N
				cr ca ch o	☐ ☐
				cr ca ch o	☐ ☐
				cr ca ch o	☐ ☐
				cr ca ch o	☐ ☐
				cr ca ch o	☐ ☐
				cr ca ch o	☐ ☐
				cr ca ch o	☐ ☐
				cr ca ch o	☐ ☐
				cr ca ch o	☐ ☐
				cr ca ch o	☐ ☐
				cr ca ch o	☐ ☐
				cr ca ch o	☐ ☐
				cr ca ch o	☐ ☐
				cr ca ch o	☐ ☐
				cr ca ch o	☐ ☐
				cr ca ch o	☐ ☐
				cr ca ch o	☐ ☐
	Total Expenses				

Notes

THE *Expense* TRACKER

Tracker For:

Date	Expense / Description	Category	Amount	How Was It Paid (credit, cash, check, other)	Planned Y	Planned N
				cr ca ch o	☐	☐
				cr ca ch o	☐	☐
				cr ca ch o	☐	☐
				cr ca ch o	☐	☐
				cr ca ch o	☐	☐
				cr ca ch o	☐	☐
				cr ca ch o	☐	☐
				cr ca ch o	☐	☐
				cr ca ch o	☐	☐
				cr ca ch o	☐	☐
				cr ca ch o	☐	☐
				cr ca ch o	☐	☐
				cr ca ch o	☐	☐
				cr ca ch o	☐	☐
				cr ca ch o	☐	☐
				cr ca ch o	☐	☐
	Total Expenses					

Notes

THE *Expense* TRACKER

Tracker For:

Date	Expense / Description	Category	Amount	How Was It Paid (credit, cash, check, other)	Planned Y	Planned N
				cr ca ch o		
				cr ca ch o		
				cr ca ch o		
				cr ca ch o		
				cr ca ch o		
				cr ca ch o		
				cr ca ch o		
				cr ca ch o		
				cr ca ch o		
				cr ca ch o		
				cr ca ch o		
				cr ca ch o		
				cr ca ch o		
				cr ca ch o		
				cr ca ch o		
				cr ca ch o		
				cr ca ch o		
	Total Expenses					

Notes

THE *Expense* TRACKER

Tracker For:

Date	Expense / Description	Category	Amount	How Was It Paid (credit, cash, check, other)	Planned Y N
				cr ca ch o	☐ ☐
				cr ca ch o	☐ ☐
				cr ca ch o	☐ ☐
				cr ca ch o	☐ ☐
				cr ca ch o	☐ ☐
				cr ca ch o	☐ ☐
				cr ca ch o	☐ ☐
				cr ca ch o	☐ ☐
				cr ca ch o	☐ ☐
				cr ca ch o	☐ ☐
				cr ca ch o	☐ ☐
				cr ca ch o	☐ ☐
				cr ca ch o	☐ ☐
				cr ca ch o	☐ ☐
				cr ca ch o	☐ ☐
				cr ca ch o	☐ ☐
				cr ca ch o	☐ ☐
	Total Expenses				

Notes

www.ingramcontent.com/pod-product-compliance
Lightning Source LLC
Chambersburg PA
CBHW060853220526
45466CB00003B/1361